Lettres pour un cœur
à refleurir

Eriel Quill

Lettres pour un cœur à refleurir

Édition : BoD · Books on Demand GmbH, In de Tarpen 42,
22848 Norderstedt (Allemagne)
Impression : Libri Plureos GmbH, Friedensallee 273,
22763 Hamburg (Allemagne)

© 2024, Eriel Quill
Illustrations : Cléa Joubert, Pauline Gallois,
Astrid Marguet, Nahia, Milledya, Lady Pik Eriel Quill
Couverture : Eriel Quill
Travail sur le texte : Céleste Cianea, Laura Mahieu
Correction : Margaux Leclerc

ISBN : 978-2-3225-3934-5

Dépôt légal : novembre 2024

Le recueil est intégralement rédigé en écriture inclusive, vous lirez donc les pronoms : iel, ellui et æl ou encore cæl ou cellui. Vous retrouverez également, pour le ou la, la forme neutre læ. Les accords seront orthographiés à l'aide de points médians.

J'ai fait ce choix pour que cette œuvre parle à un maximum de personnes, et qu'il soit aligné avec mes valeurs actuelles : l'inclusion et la tolérance.

La lecture peut demander un effort intellectuel et être déroutante si vous n'êtes pas habitué·e·s, mais je vous l'assure, on prend vite le pli.

Libre à vous de genrer les protagonistes afin que les textes vous parlent mieux. Il m'arrive aussi de le faire parfois.

Par ailleurs,

ce recueil de poésie est à lire par un public averti.

Il aborde des thèmes susceptibles d'heurter la sensibilité de certain·e·s lecteurices. Vous pouvez retrouver le détail de ces thèmes au verso de cette page.

Avertissement détaillé de contenu :

Ce recueil aborde la reconstruction de soi après une relation toxique. Par conséquent, on parlera d'emprise, de dépendance affective, de manipulation ainsi que d'abus sexuels et de confiance.

Plusieurs thématiques liées à la santé mentale seront explorées dont l'anxiété, la dépression, les troubles du comportement alimentaire et les envies suicidaires.

On parlera également d'anxiolytiques et de somnifères ainsi que la dépendance qu'ils peuvent engendrer.

Les textes les plus difficiles seront marqués par le dessin d'une petite fleur en haut de la page dans le coin extérieur.

N'hésitez pas à passer les textes qui seraient trop difficiles pour vous. Votre santé mentale sera toujours plus importante qu'un livre.

Aux amours trop souvent pleurées ;

à tous les cœurs qui ont été brisés ;

à tou·te·s celleux qui ne savent plus rayonner ;

à toi, que j'aurai trop aimé·e.

J'écris
de la poésie
pour refleurir
les cœurs
et les corps.

Retrouvez l'auteurice et les illustratrices
sur les réseaux sociaux
(ainsi que la playlist du recueil sur Spotify).

https://erielquilledito.com/lettres-pour-un-coeur-a-

refleurir-les-liens/

Playlist du recueil :

Let me down slowly, Alec Benjamin

Si no estás, Iñigo Quintero

Lost on you, Lewis Capaldi

Love don't die easy, Charlie Worsham

Never knew a heart could break itself, Zach Hood

Traitor, Livingston

Stick Season, Noah Kahan

Moral of the story, Ashe

Too good at goodbyes, Sam Smith

Blame's on me, Alexander Stewart

Closure, Henry Moodie

Another Love, Tom Odell

So Am I, Ava Max

The Story, Sara Ramirez

That Way, Tate McRae

Drunk text me, Lexi Jayde

Before you go, Lewis Capaldi

"Could you find a way
to let me down slowly?
A little sympathy,
I hope you can show me
If you wanna go
then I'll be so lonely.
If you're leavin',
baby, let me down slowly"

Alec Benjamin, *Let me down slowly*

I

Ancolie

Ça m'est tombé dessus

comme ça,

et il repart

en un claquement de doigts.

– Amour désavoué –

Mon cœur est brisé.

Il s'est brisé quand tu as prononcé ces mots.

Il s'est brisé encore quand j'ai rassemblé mes affaires.

Il se brisera à nouveau quand je vais devoir les défaire.

Mon cœur s'est brisé une nouvelle fois quand j'ai passé la porte,

et, pour ne pas t'accabler encore plus, je suis resté·e dos à toi,

afin que tu ne voies pas les larmes qui inondaient mes joues,

et je n'ai pas pu regarder une dernière fois ton visage.

Mon cœur brûle.

Il brûle de toutes ces incompréhensions,

de ne pas vraiment comprendre comment on en est arrivé là.

Il s'enflamme à l'idée d'un espoir,

d'un minuscule espoir.

Mon cœur brûle,

et ce serait tellement plus simple que j'arrive à t'en vouloir,

que je comprenne que tu étais le méchant de l'histoire,

que je puisse te maudire jusqu'à aller mieux,

mais on était deux à écrire notre futur,

et en un sens, je sais que je ne peux m'en prendre qu'à moi-même,

car je n'ai pas osé partir quand j'en ai eu l'occasion.

Mon cœur est en miettes.

Ça m'est arrivé des dizaines de fois,

et pourtant celle-ci est la plus douloureuse.

Peut-être parce que j'étais réellement amoureux·se,

peut-être parce qu'au fond, je savais qu'on en arriverait là.

Mon cœur a besoin de se reposer, tu sais.

Je crois qu'il t'a trop aimé.

Mon cœur a besoin de se reposer,

mais je ne sais pas quoi lui donner.

J'ignore s'il a besoin d'un nouvel amour

ou de pleurer tout ce qu'il a perdu.

Mon cœur est abîmé,

et je ne sais pas comment le réparer.

Tu dis que je vais t'oublier,

mais une chose est sûre,

il n'en sera rien.

Mon cœur est abîmé,

et tout le monde semble savoir

ce qu'il me faut faire,

pourtant personne n'a de solution miracle.

Vidé·e de toutes tes larmes,

de toutes tes émotions,

de tout ton amour,

tu te sens comme un disque rayé

que l'on continue de jouer.

Alors ça y est, c'est fini ?
Tu pars de ton côté, et moi du mien ;
une dernière promesse en suspens.

Je te promets de revenir si j'en ressens
le besoin ou l'envie.

Je me raccroche à ces mots,
alors que peu à peu, les souvenirs s'envolent.
Le goût de tes lèvres me paraît lointain,
pourtant, je me souviens de notre dernier baiser
comme si c'était hier.

C'était hier !

On en pleurait.
Il paraît que c'est ainsi
que deux âmes qui s'aiment se séparent.
Je t'ai promis de ne pas t'attendre, d'être heureux·se.
Je ne suis pas certain·e de le vouloir.
Alors je place mes espoirs
dans le hasard ou le destin,
appelle cela comme tu veux.

Je me dis que la vie ne me prendrait pas définitivement mon deuxième grand Amour,
quand la mort m'a déjà retiré le premier.

Je veux croire que Socrate avait raison.

J'aimerais avoir les mots.
Mais en vérité, je ne sais pas quoi dire.
J'imagine que si l'on doit se retrouver,
on se retrouvera.

La loi de l'attraction
était sa manière de gérer
son cœur sur le point de se briser.

Tout s'est arrêté

aussi vite

que les acteur·ices quittant le plateau

à la fin d'un tournage

– Coupez !

Y aura-t-il une nouvelle prise ?

La dernière fois que je t'ai embrassé·e,

j'ai cru que le temps s'était figé un instant.
Il n'y avait que toi et moi dans cet appartement
qui, d'un coup, me paraissait bien trop grand.

J'aurais tout donné
pour que ce baiser dure
un peu plus longtemps.
Pour que ce ne soit pas le dernier,
mais le premier d'une infinité.
D'abord, nos lèvres se sont effleurées
avant de se retrouver
dans un élan passionné :
nos langues ont entamé
un ballet
pour se séparer
à contrecœur.

Je me suis rejoué·e
cette scène des millions de fois,
et le fantôme de ton souvenir
venait à nouveau caresser
mes lèvres.

Je me suis demandé encore et encore

comment ce moment

avait pu être aussi tragico-magique.

L'amour,

je crois bien que c'est ça ton secret.

On s'aimait si fort,

on se déchirait avec la même intensité.

On savait tous deux

qu'il nous fallait partir,

alors on a scellé

cette relation

comme elle a commencé.

« Vers l'infini et l'au-delà »,
mais ton amour bientôt se fissura.

Ramène-moi au jour où l'on s'est rencontré·e·s.

Je voudrais revivre chacun de nos instants passés.

Trop obnubilé·e par ce qui me manquait,

j'ai oublié qu'il me fallait profiter

de sa tendresse, de sa chaleur, de ses baisers,

et maintenant qu'iel s'en est allé·e,

je crois avoir tout gâché.

« Amour,

peux-tu disparaître

ou au moins t'estomper ? »

Je regrette l'avoir aimé·e.

L'Amour peut s'en aller désormais.

Il n'y a rien à voir,

que les vestiges d'un cœur brisé.

« Amour,

se pourrait-il que tu m'aies aveuglé·e ? »

Mais chaque message

qu'iel t'envoyait

était un autre morceau de ton cœur

qu'iel te volait pour le bazarder.

Et pourtant, tu continuais à espérer.

J'aurais préféré
qu'on se sépare
sur un sourire ;
partir
en ayant toutes les réponses
à mes questions ;
qu'on soit de ces couples
capables de rester aimables,
mais notre truc, c'était les cris
et les larmes...

Quand je parlerai de toi, je dirai combien tu étais déterminé·e quand tu avais un objectif en tête, combien tu pouvais être affectueux·se et tendre.

Je parlerai de tout ce qui m'a fait tomber sous ton charme : de ta voix éraillée au petit matin à ton moindre grain de beauté.

Je leur raconterai ces aspects de toi qu'iels n'ont jamais vus, ceux que tu ne révélais qu'une fois la lumière éteinte.

Je détaillerai chacun de tes défauts, que je contrebalancerai immédiatement par une qualité.

Puis je rirai avec elleux, de toutes nos absurdités, de nos enfantillages, d'à quel point je déteste aujourd'hui tes blagues autant qu'autrefois, je les aimais.

Je me remémorerai quelques souvenirs qui se sont égarés çà et là.

J'achèverai mon récit par cette phrase :

« L'amour dure trois ans, que puis-je faire contre le temps ? »

Æl avait le cœur brisé,
mais rassemblait méticuleusement
chacun des minuscules fragments,
juste au cas où
tu l'aimerais
à nouveau.

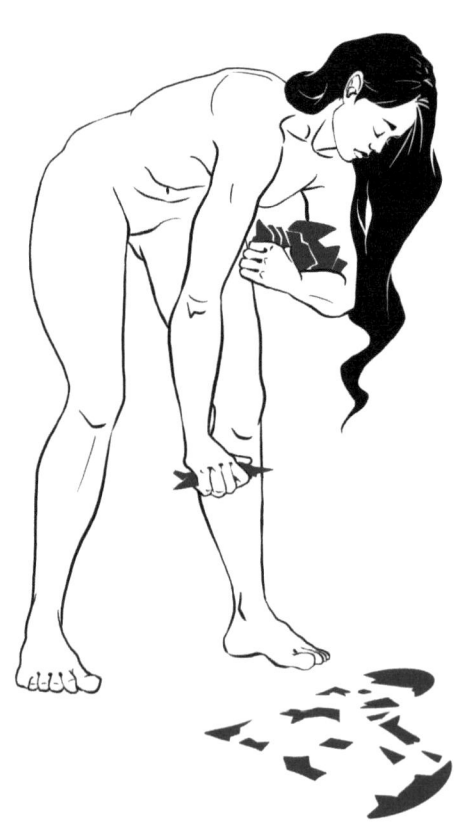

Ne pouvait-iel pas

arracher ton cœur

plutôt que continuer

à le maintenir

fermement en place

et à en essorer

tout ton amour ?

Je suis tombé·e
au plus bas,
et tu as continué
à me rouer de coups.
Chaque fois
que je me relevais,
tu espérais me voir rechuter.

Je t'ai aimé·e.
Jusqu'au moindre de tes défauts.

« Allo ! »
Je t'ai retrouvé·e.
Et pourtant,
j'aurais tout donné
pour que tu ne m'aies pas appelé·e,
car plus que jamais,
j'ai eu l'espoir que tu resterais.

« It won't be denied, it just does what it does.

There ain't no way to kill it

when it's coursing through your blood.

Shoot an arrow through my heart,

the heart keeps on beating.

Love don't die easy.

My love won't die easy."

Charlie Worsham, *Love don't die easy*

II

Soucis

Iel a laissé
plus de cicatrices
que d'amour
et de paix.

Mes pétales ont fané
puis sont tombés.
Bonheur, rire, insouciance
sont restés à mes pieds.
J'ai fleuri à nouveau,
différemment.
Je suis désormais orné·e
de TCA, de dépression, d'anxiété.

Nourriture salée
au goût de larmes.
Mal assuré·e,
æl perd le contrôle, dépose les armes.

Le regard pas tout à fait absent,
æl observe son assiette,
connaît les calories de chaque aliment,
de la moindre miette.

Ce n'est pas grand-chose,
une bouchée,
il suffirait qu'æl ose,
il suffirait de manger.

On m'a dit d'admettre
que je t'aimais encore.
Je leur ai répondu :
« Iel m'a fait espérer.
Iel a soufflé
le chaud
le froid.
Iel a déchiqueté
mon cœur
en tous petits morceaux
et maintenant, je dois le rafistoler.
Et plus je me repasse le film de notre histoire,
plus je réalise que sa tendresse
n'était que pour me faire oublier
les mauvais jours.
Alors la seule chose que j'admets,
c'est que je voudrais ne l'avoir jamais aimé·e. »

Derrière

les plus beaux

sourires

se cache

souvent

un orage

sans répit.

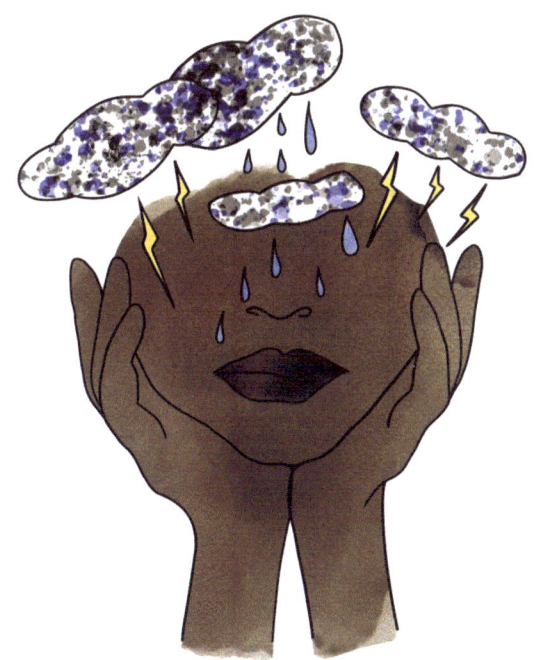

Les souvenirs
sont comme une drogue :
on voudrait les garder
éternellement.
On plonge en eux,
on se souvient,
on se revoit,
on revit
quelques secondes.

Tu crois qu'on peut mourir d'amour ?

Je crois qu'on peut surtout en vivre !

Mais l'Amour consume...

L'Amour peut aussi sauver...

Tout dépend de ta façon d'aimer.

Après mon coeur,
je crains que mon corps
ne se brise

Perdre la mémoire.

Foutues pilule

censées tuer l'anxiété,

et les mauvais souvenirs,

mais qui assassinent

surtout les rires.

J'oublie les instants

dont je voulais me rappeler,

tout ce qui se joue au présent

et ne reste plus que l'obscurité.

J'aimerais écrire
« j'ai mal au cœur »
avec poésie.
Seulement,
pour coller à la vérité,
je devrais crier
que la douleur était dans mon utérus
avant de s'étendre dans mes cuisses,
de remonter dans mon dos
et sous mes côtes.
Je devrais montrer
les larmes
quand les médicaments
ne font plus effet.
Et vous dire
d'une voix serrée
qui témoigne de toute ma lassitude
que parfois, je prie
pour que ça s'arrête,
peu importe le prix.
Je devrais vous parler
de l'impression d'être fou·lle
car aucune blessure
n'est visible sur le corps.
Je devrais vous parler
des poèmes qui m'ont sauvé·e

de cette femme
qui m'a tabassé·e
à force d'espoir[1].
Mais je n'écrirai pas,
car si je peux gribouiller
des vers à ce sujet,
ils ne seront
certainement pas
poétiques.

— douleurs chroniques incontrôlées —

---

[1] *À force d'espoir* est un recueil de poésie de Laura Mahieu dans lequel l'autrice nous emmène avec elle lors d'une saison de paranatation, nous partage ses hauts et ses bas, ses doutes et ses réussites.

Tu læ verras en traversant ce marché de Noël que vous aviez parcouru un an plus tôt,
dans ce métro où vous vous êtes étreint·e·s pour la première fois,
et dans ce cinéma où vous avez échangé votre premier baiser.

Tu læ pleureras quelques fois,
car malgré tout, son amour te manquera,
mais pour rien au monde, tu ne ferais demi-tour.

Ferme les yeux,
les beaux souvenirs
s'évadent plus vite
que les autres.

Je me souviens, il y a trois ans, quand l'un·e de tes ami·e·s a dit :
« J'espère qu'æl fait maximum un 38 »
et que vous avez ri.
Puis oublié.

Mais moi, je n'ai jamais pu oublier. J'étais condamné·e à me la
rappeler, cette petite phrase,
parce que déjà, je combattais mes TCA.

Je sortais à peine d'une crise d'anorexie qu'à nouveau, on me
poussait dans le vide.

Alors, j'ai très peu mangé devant toi, et tu ne l'as jamais
remarqué. Je me servais des portions deux fois plus petites que
les tiennes, de peur que tu me trouves gros·se.
Je craignais que tu ne puisses plus m'aimer
si je prenais du poids.

Et aujourd'hui parfois, je crois encore
que personne ne saura m'apprécier
tant que je n'aurai pas retrouvé mon 36.

Le miroir reflète
une silhouette
qu'æl déteste.
La diet',
c'est tout ce qu'il lui reste.

Mais les chiffres descendent trop lentement.
Un repas manquant ?
Qu'est-ce que cela change vraiment ?
Æl ne peut pas être anorexique, ses os ne sont pas apparents.

Cela ne lui fera pas de mal de maigrir un peu...
Jusqu'à ce que ça en devienne dangereux.

Parfois,
je dois lutter
pour ne pas céder
à la facilité
du calme synthétique,
alors que tout mon corps
réclame
ce produit de tranquillité
qui m'emmènerait sombrer
dans les bras de Morphée.
— *insomniaque angoissé·e* —

Il y a certains soirs où je m'effondre :
l'anxiété est trop présente,
les lumières trop vives,
les sons trop forts,
les gens trop oppressants.

Il y a certains soirs où je ne suis plus capable.
Où le masque tombe.
Et je redeviens cæl que je suis :
un·e enfant apeuré·e
que l'on a trop abandonné·e.

Il y a certains jours où je ne peux pas.
Travailler.
Lire.
Écrire.
Même respirer me demande trop d'efforts.
Il y a des jours où je regarde seulement.

Il y a des matins où je suis convaincu·e
de pouvoir tout vaincre.
Et je m'écroule une heure après.
Des matins où rien ne me semble impossible.
Pourtant, je n'accomplirai rien.

Il y a ces moments où je me retrouve seul·e
à læ prier, ainsi que mon Ange, de revenir
comme si elleux seul·e·s savaient calmer mes angoisses.
Comme si elleux seul·e·s savaient me rattacher au rationnel.

Et puis, il y a ces instants de petites victoires,
qui seront pour d'autres des trois fois rien,
et pour moi, un pas de géant,
mais dont j'aurais trop honte pour en parler.

Il y a ce silence
encore et toujours.
Quand je vais mal.
Quand je vais bien.
Quand je vais tout court.

Il y a ces demi-vérités que je raconte,
parce que je ne suis plus sûre
de pouvoir tenir,
parce que les silences inquiètent
quand les mensonges rassurent.

Je pensais
avoir le contrôle,
alors que je sombrais
dans mes troubles.
Mais ce n'était qu'une énième illusion
dans laquelle je m'enfermais.

Et si j'avais
constamment
une boîte de somnifères
dans mon tiroir,
c'était pour avoir
de quoi partir,
quand j'aurais été
trop envahi·e
par le noir.

J'ai compris
bien après
que les papillons
dans le ventre
n'étaient
que
de l'anxiété.

Laisse
partir
les perles salées
qui obscurcissent
ta vue.
Elles ouvrent
la voie
à l'amour néfaste
qui encombre
ton cœur.

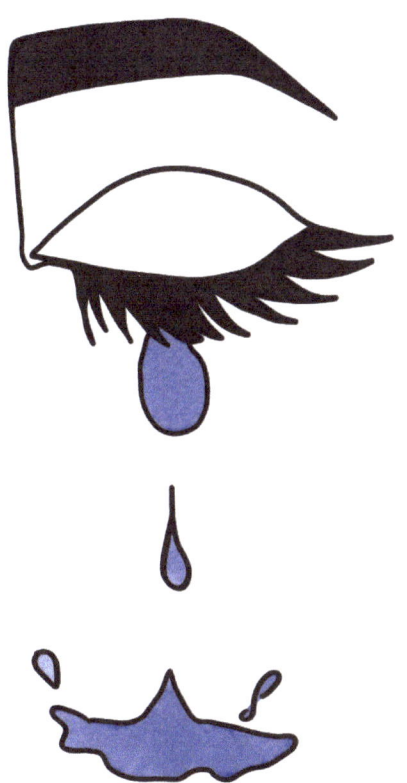

J'ai jeté une dernière bouteille à la mer
ce n'était plus l'écrivain·e,
mais bien moi qui te parlais.
Tu n'as pas attrapé
mon dernier S.O.S.
et il s'est brisé contre les rochers

Tu n'avais pas tort :
j'ai fini par te détester
plus que je t'aimais.

Et j'avais raison :
je n'ai pas pu t'oublier.

Amour

(nom masculin)

Sentiment qui n'existe que dans les contes de fées

Que l'on s'escrime à amener dans notre réalité

Et qui nous laisse avec un cœur à rapiécer.

– Synonyme d'un mensonge que l'on ne cesse de raconter. –

"Oh, I just gave my heart to a traitor.
Maybe I was dumb enough to think I could save ya.
Love, I'm just a sinner
and I can't be your savior

Why am I the one to put myself in danger ?
All for a traitor love"

Livingston, *Traitor*

III

Pétunias

Je pensais t'avoir perdu·e,
mais on ne peut pas manquer
de ce que l'on n'a jamais eu.
– Peut-être qu'au fond, c'est toi
l'unique perdant·e –

Je t'avais donné
mon cœur,
tu l'as broyé.
Mon corps,
tu t'en es emparé
pour le salir.
Et j'en ai passé
des insomnies
à t'offrir
une poésie
que tu méprises.

À chaque histoire,
j'ai laissé
des fragments
de cæl que j'étais.

Je croyais
que tu étais
mon plus bel Amour,
mais tu n'étais
que le fruit
d'une illusion
bien travaillée.

Verre après verre,

tu m'enivres

et je me laisse séduire.

Peut-être suis-je charmeur·se en retour.

Tu m'allonges

dans ton lit

et, incapable

d'aligner

deux phrases

cohérentes,

je te donne

un vague consentement.

L'était-ce vraiment ?

Aujourd'hui,

vers après vers,

je m'enivre

de poésie

pour enfin me défaire

de ton emprise.

Les mots sont des armes invisibles
et leurs plaies ne saignent que de larmes.
J'aurais préféré que tu me poignardes,
plutôt que tu me parles.

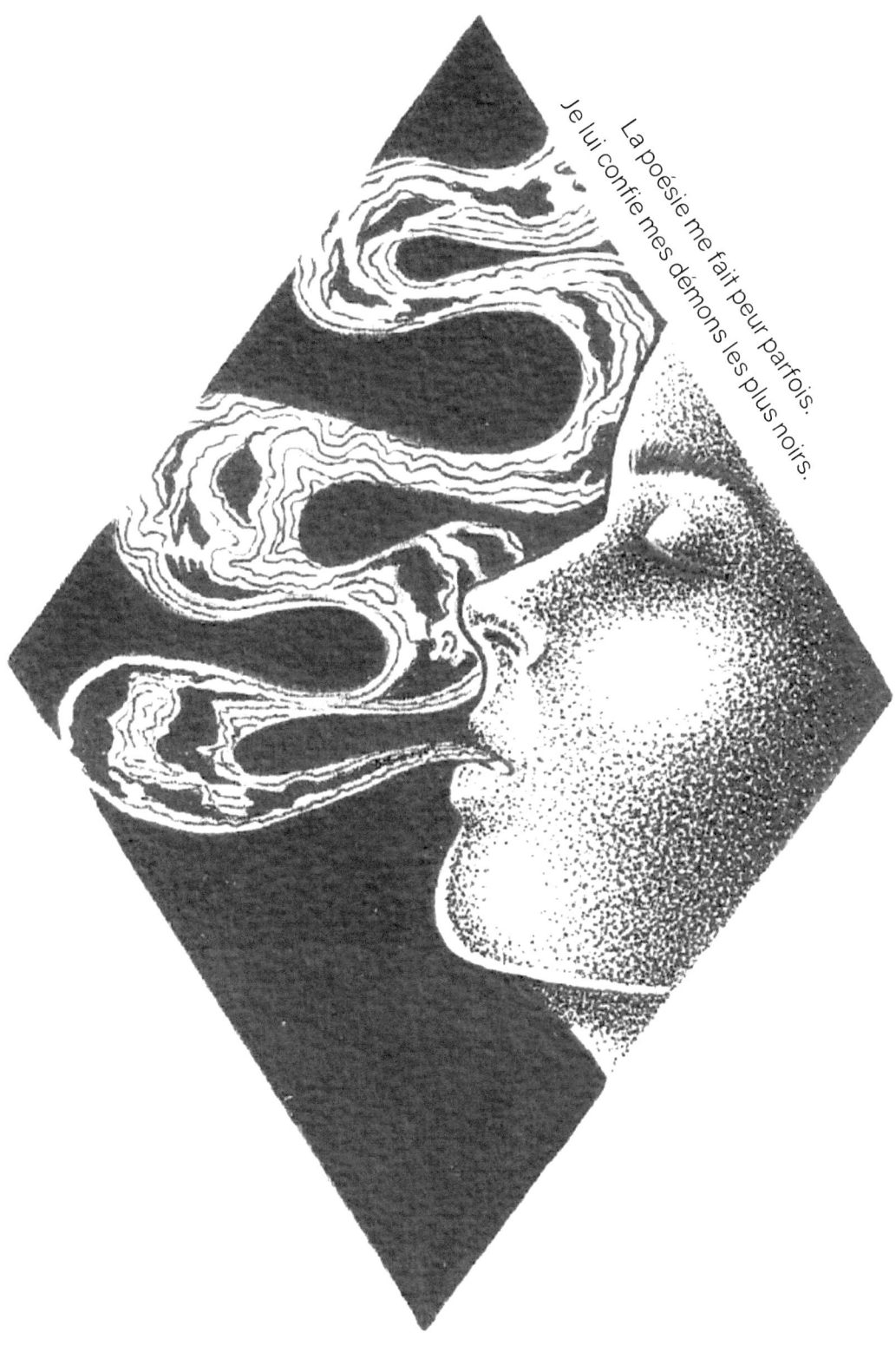

La poésie me fait peur parfois.
Je lui confie mes démons les plus noirs.

S'effacer
car l'on mérite mieux
qu'être mal-aimé·e.
Et pourtant sentir
son cœur
qui continue
de se briser.

Tu lui as menti
ce soir-là.
Tu as soutenu son regard
et dit :
« Je ne t'aime plus. »
Quand tout ton cœur criait :
« Je t'aime encore plus fort ! »
Mais il ne t'a pas entendu·e
et tu lui en as voulu
de ne plus savoir lire
entre tes lignes.

Mais j'en ai assez,

je te reprends ce que je t'ai donné :

je suis fatigué·e de te pleurer.

Fatigué·e de t'aimer.

Et si le temps

ne peut estomper parfaitement

mes sentiments,

et les aiguilles qui tournent

effacer nos étreintes sur le canapé,

les baisers volés,

les soirées dans tes bras amoureusement lové·e

– à moins que cela aussi, je ne l'ai rêvé –,

je décide de ne plus penser à toi.

On s'est détruit·e·s à coup de
« je t'aime ».

J'aurais dû partir avant qu'il ne
soit trop tard.

Je ne suis pas assez.

Je ne suis pas de cæls pour lesquel·le·s on se bat.

Ce sont toujours les autres qui partent,

qui m'abandonnent.

C'est dur.

D'être seul·e à espérer.

De croire.

De rêver.

De s'accrocher à ces sensations qui s'envolent.

De se voir submergé·e par ses émotions.

Je les cache au plus profond de mon être.

J'ai peur qu'on cherche à me les voler.

Pourtant, j'ai couché mes sentiments sur du papier,

et je les dévoile à ce que je crois être le monde entier.

Je suis un peu trop.

Je prends tout un peu trop à cœur.

Je ris aux éclats quand les autres esquissent un demi-sourire.

Je pleure quand un livre devient triste.

Je connais des dizaines d'émotions en quelques minutes à peine.

Les odeurs, les sons, les lumières, les textures m'agressent.

Mes sens sont ma faiblesse.

Je tombe amoureux·se en un regard.

Il me suffit d'un sourire, d'un effluve, d'une tendresse.

Je suis un peu trop rapide.

Je brûle des étapes.

J'agis sur ce qui semble n'être qu'un coup de tête.

Mon intuition est ma meilleure amie et ma pire ennemie.

Je suranalyse chaque personne, chaque situation.

Mais je ne suis pas très doué·e pour tout ce qui est communication.

Je me cache derrière des masques,

j'ai peur de me révéler.

Qu'est-ce que l'on dirait

si l'on découvrait cæl que je m'efforce de cacher ?

Tu étais un soleil
qu'iel refusait
de voir briller.
Tu es devenu·e
un nuage
dont iel rêvait
d'observer la pluie.

Alors tu as choisi de t'effacer.

Tu n'es pas parti·e, tu n'as pas déménagé.

Tu as seulement cessé de répondre à ses messages.

Au début, tu l'attendais.

Tu n'attendais qu'un message de sa part qui en vaille la peine,

pas un petit quelque chose ou des miettes,

un truc suffisamment grand pour que tu sois obligé·e de répondre.

Mais ce n'est jamais arrivé...

Alors peu à peu,

tu t'es estompé·e,

et iel a oublié de relever ton absence.

Tu as dit
que j'étais
extraordinaire,
mais
tu as
quand même
détruit
tout
ce qu'il y avait
de bien
en moi.

Je pensais être le problème.

Je me savais déjà zèbre dans un monde de chevaux[1], alors je t'ai écouté·e. Je suis devenu·e plus normal·e ; à la fois plus discret·e et plus bruyant·e.

Tu me trouvais barbant·e car j'aimais Balzac, alors j'ai regardé tes films et séries préférées et je n'ai plus parlé littérature.

Tu te moquais quand je me balançais sur ma chaise pour me rassurer, alors j'ai appris à me contenir.

Et puisque tu n'aimais pas ma poésie, je n'ai plus écrit.

Peu à peu, j'ai gommé mes rayures.

Je suis devenu·e cæl que tu voulais que je sois, mais tu avais toujours à redire.

Je n'étais pas le problème,

j'aimais seulement cellui qui me faisait croire que je l'étais.

Sous la pluie,

tu n'entends plus ton cœur qui se brise

et ne sens plus tes larmes sur tes joues

qui se mêlent aux intempéries.

Tu n'entends plus que le silence

quand tu aimerais entendre sa voix,

et son odeur est remplacée par celle de l'orage.

Tu étais là, assis·e sous la pluie,

attendant que les heures défilent,

quand un éclair brisa l'obscurité,

t'intimant de te relever.

– Briller de rage comme l'éclair, c'est toujours briller –

Je crois
qu'avec ellui,
même les arcs-en-ciel
me semblaient
gris.

Parfois,

l'amour ne suffit pas.

Il faut savoir partir sans se retourner.

Nous n'aimons chez l'autre que son potentiel.

Être cellui qui part est plus douloureux qu'être cellui qui reste.

Il faut passer par les larmes pour retrouver le sourire.

Les larmes éteignent l'incendie de mon cœur.

Je recommence à me dire que j'aurais préféré ne jamais te rencontrer.

Je crois que le moindre battement de mon cœur est espionné.

L'Univers t'enlève l'Amour de ta vie pour te faire rencontrer la Personne de ta vie.

Tu te demanderas s'il existe un amour indolore, la réponse viendra avec le temps .

Enfant,

je me cachais

sous la couette

pour lire

à la lueur

d'une lampe torche

gagnée au cirque d'hiver.

Dernièrement,

je plongeais

sous notre couette

pour fuir

ton cirque

et écrire

pour me bercer

de poésie

en attendant

le printemps.

Seul·e, je regarde le plafond, maudissant ma solitude, la deuxième moitié du lit glacé, le silence qui m'entoure. J'observe l'étendue blanche en m'imaginant des « je t'aime » qu'on me chuchoterait d'une voix suave au creux de l'oreille, alors qu'une larme se fraye un chemin le long de ma joue. Elle meurt noyée dans mon cou. Une autre ne tarde pas à la rejoindre.

Je suis laid·e, je ne suis qu'un·e idiot·e.

Dans le silence le plus complet, j'essaie d'attraper mon cœur. Je le serre, si fort que ma peau pourrait en garder les marques. Les cicatrices de ma souffrance.

Personne ne veut de moi.

La lumière éteinte, comme mon regard, je m'imagine une histoire, une relation. Je m'imagine heureux·se. Je m'imagine aimé·e. Tristement, je m'imagine projeter sur les murs des milliards de déclarations d'amour.

Iel semait des graines.
Tu croyais qu'iel plantait
des tournesols,
alors qu'iel arrosait
des mauvaises herbes.
Il ne te reste
qu'un jardin en friche
à éclaircir.

Ne me crois pas quand je te dis « je t'aime ».
J'ai répété des mots jusqu'à ce qu'ils perdent tout leur sens
qu'ils n'aient plus la moindre saveur.

« Je t'aime »
est la phrase que j'ai le plus ressassée.
Je l'ai murmurée.
Je l'ai criée.
Je l'ai pleurée.
Presque saignée.

Je ne pensais pas que trois mots
si communs
puissent faire tant de dégâts.
Plus je les disais,
plus ils me poignardaient,
plus la douleur s'incrustait
et se normalisait.

Ils sont devenus de simples lettres accolées,
sans intérêt,
presque un charabia,
une mélodie entêtante qui passe sans cesse à la radio.

« Je t'aime »
est devenu,
dans ma bouche,
aussi lambda que « bonjour ».
C'est une ponctuation,
rien de plus...

J'aurais aimé
comprendre
comment iel choisit
ses victimes.
Étions-nous
au mauvais endroit,
au mauvais moment ?
Plus fragiles ?
Ou avions-nous
quelque chose de plus
à briser ?

Si je pouvais poignarder l'univers,
je le ferais.

On se faisait l'amour,

désormais on se fait la guerre.

Bombe à retardement

depuis notre première dispute.

Je t'ai regardé couper des fils,

pensant que tu voulais me désamorcer,

quand tu ne cherchais que l'explosion.

Tu as fini par allumer la mèche.

Il n'y aura ni trêve

ni pardon.

Je t'ai regardé·e

te défouler

contre le clavier,

le bureau

puis le mur.

J'ai nettoyé

les éclats

de ta colère,

soigné ton poing écorché,

et essuyé

mes craintes

et mes déceptions

à coup de poésie.

Ne viens jamais mendier
la paix
de cette guerre,
car tu l'as déclenchée.

Je suis l'orage
que tu voulais
et que tu ne sais plus maîtriser.

On m'a demandé
de lister
les raisons
pour lesquelles
je te hais.

J'en ai trouvé 82.

Puis on a nommé 83 choses
qui rendent ma vie
plus belle.

"I'm never gonna let you close to me

even though you mean the most to me

'cause every time I open up, it hurts.

So, I'm never gonna get too close to you

even when I mean the most to you

in case you go and leave me in the dirt.

But every time you hurt me, the less that I cry;

and every time you leave me, the quicker these tears dry;

and every time you walk out, the less I love you.

Baby, we don't stand a chance, it's sad, but it's true

I'm way too good at goodbyes"

Sam Smith, *Too good at goodbyes*

IV

Tournesols

La poésie

            Les arcs-en-ciel

    Les tournesols

        Les imprimés pelisses

Une nouvelle vie à Toulouse

    La littérature

        Les fleurs

Les balades

      Les murs couverts de cartes et de
        marque - pages

        La musique

La photographie
          L'espoir (parfois)

L'écriture
        La lecture

    Les tatouages

       Les polaroïds

Le soleil

   Pouvoir m'assumer telle que je suis

Tu me fais toujours
tituber,
mais je ne sombre plus.

J'ai tellement de mal à m'apprécier
que je ne crois pas mériter
d'être un jour aimé·e.
– Il y a tellement de personnes bien plus belles,
plus intelligentes, plus spirituelles,
plus drôles, moins compliquées,
pourquoi voudrais-tu me rencontrer ? –

À trop vouloir plaire aux autres,
j'ai oublié qui j'étais
et quelle poésie
je voulais écrire.

J'ai des tas de ~~maux~~ mots
qui débordent de mon cœur.
J'écris pour les soigner, leur apporter un peu de douceur,
j'aimerais pouvoir écrire à nouveau
des « je t'aime d'un amour pur, simple, d'un amour d'enfant »
et pourtant, je ne désire plus ressentir de tels sentiments.
À quoi bon ? Puisque la fin est toujours la même :
un cœur brisé à réparer.
Quantité de larmes versées.
Avec l'espoir de retrouver
cet amour de conte de fées
que je m'étais imaginé.
Est-ce qu'un jour quelqu'un saura m'aimer,
autant que je l'ai désiré·e ?

La vie

nous emmène

sur des chemins différents.

On se sépare,

on ne se parle plus,

et l'on se retrouve,

encore une fois,

seul·e.

Et parfois je me demande,

est-ce que le temps

élaguerait celleux qui comptent vraiment ?

J'étais devenu·e son ombre
et je me suis perdu·e.
Aujourd'hui encore,
je ne suis pas sûr·e
de savoir qui je suis
et je crois avoir oublié
qui j'étais avant de læ rencontrer.
J'essaie de me forger
une nouvelle identité.
Je renoue
avec mes anciennes passions,
je développe
de nouvelles ambitions.
Je crois
que ce sont les premiers pas
pour un nouveau départ.

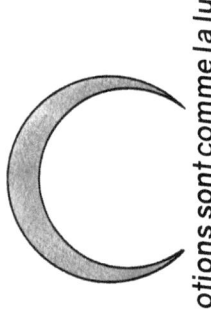

Mes émotions sont comme la lune…

Leur cycle m'est bien connu, pourtant je reste surpris·e quand un nouveau quartier apparaît.
Un petit rien enclenche la spirale infernale de mes sentiments.

Mes émotions m'atteignent toujours…

Je pensais m'en être sorti·e, enfin capable de les gérer. Et je me retrouve aujourd'hui encore à ne savoir qu'en faire. Crier ? Hurler ? Cela intéressera-t-il vraiment quelqu'un de comprendre que je suis une fois de plus submergé·e par une vague que je ne peux contrôler ? Est-ce convenable pour une jeune personne comme moi de perdre son sang-froid ?

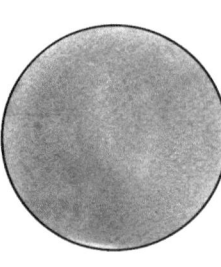

Mes émotions m'encerclent...

Je broie du noir. Tout me revient en mémoire. Toutes les émotions similaires à celles que je ressens actuellement. Je revois tous ces soirs passés à pleurer, à étouffer des sanglots. Je m'enferme dans mon malheur. Puis une infime lueur s'immisce. Un espoir léger.

Mes émotions se transforment...

Je me rappelle un souvenir, d'un petit rien de bonheur. Les larmes s'assèchent doucement, ne laissant plus que des sillons humides. Bientôt déformés par une esquisse de sourire.

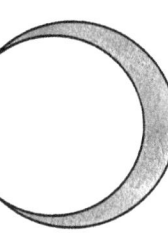

Mes émotions sont comme la Lune...

Elles finissent par disparaître, renaître, différemment cette fois.

Alors j'ai écrit,
encore et encore,
jusqu'à ne plus avoir de mots,
jusqu'à ne plus avoir d'inspiration.

J'ai écrit pour me libérer.
J'ai écrit pour hurler
toutes les émotions qui m'étouffaient,
tous les pleurs que j'avais dissimulés.

J'ai écrit ce qui me passait par la tête,
me déchirait le ventre,
me lacérait le cœur,
et m'empêchait de bouger.

J'ai réussi à me trouver,
entre deux ratures.
Je me suis redécouvert·e
en me cachant derrière un nom de plume.

Et si tu crois qu'iel a emporté
une partie de ton cœur,
sache que les fleurs
le combleront.

Il te faudra saisir certaines mains
pour ne pas sombrer,
en lâcher d'autres
pour avancer.

Et la seule bonne chose
qui ressortira
de nous
sera
ma poésie.

Je voulais t'écrire
mes plus beaux poèmes,
mais ma plume
n'a d'encre
que pour les cœurs
mal-aimés.

Comment être sûr · e
que le tournesol
n'est pas une ronce ?
— J'ai peur de m'écorcher
encore une fois —

Si la lune et le soleil
parviennent à vivre leur amour
malgré la distance,
il est raisonnable
de croire
que j'ai aussi une âme-sœur
qui m'attend.

Dis-moi,

quel est cet endroit

où tu t'évades

pour faire la paix

avec ton enfant intérieur ?

Assis·e en tailleur
au milieu de la prairie
inspirant les odeurs,
les essences de la vie.

Comme c'est paisible,
cet instant
de tranquillité indicible,
de recueillement.

Le silence
qui m'entoure,
la confiance
que je savoure.

immobile,
Attentive,
Agile,
excessive,

je me ressens
pleinement.

Je ne tournais pas dans le bon sens. Brisé·e par les mois, les années, écoulés. Je tournais à l'envers, et je ne savais pas revenir dans le bon sens.

Puis un beau jour, tu es arrivé·e. Charmeur·se, tentant·e. Tu as intégré mon histoire. J'ai appris à aimer, j'ai appris à plaire. J'ai tourné en suivant les aiguilles d'une montre. C'était beau, ce qu'on vivait.

Mais tu as fini par devenir iel. Et iel est parti·e. Sans ellui, mon monde est vide, mes émotions s'embrouillent, mes paroles n'ont plus de sens. Mes déclarations deviennent des masques et ces masques deviennent des habitudes. Je balance des « je t'aime » à tout va pour me protéger de son absence. Je comble le vide, je reprends mon sens de rotation.

Sans ellui, je tourne à nouveau à l'envers. Et le temps a fait son œuvre, comme toujours. Et j'ai compris que rien n'est éternel. J'ai apprécié le souvenir de nos instants et mon sens de rotation chamboulé. Je tourne à l'envers quand je suis seul·e,

mais l'envers, c'est mon endroit.

"I wanna sing a song that'd be just ours
but I sang 'em all to another heart.
And I wanna cry, I wanna fall in love
but all my tears have been used up"

Tom Odell, *Another Love*

V

Roses

Écrire pour tourner la page.

Parfois, elle est trop **noircie**,

il faut recommencer

sur une feuille vierge de tout sentiment.

Un ange m'a dit :
« N'oublie pas de briller,
aujourd'hui plus qu'hier,
et demain plus qu'aujourd'hui ! »

Un jour,
je me débarrasserai
des cauchemars
et de la souffrance.

Jour après jour,

je rassemble

mes fragments,

je les suture

avec du fil de poèmes.

même les amours en cage refleurissent

j'aimerais t'offrir mon cœur,
mais

☐ il a déjà beaucoup souffert,
pense à le ménager

☐ il ne parle qu'au travers du silence,
sauras-tu le comprendre ?

☐ il aime parfois un peu trop fort,
j'ai peur que ça te dérange

☐ il porte les cicatrices de mes amours passées,
es-tu prét·e à les embrasser?

☐ il est tout abîmé,
je ne suis pas sûr·e qu'il te plaise..

☐ il a besoin de beaucoup d'amour,
en as-tu assez ?

☐ il faut en prendre soin,
tu me le promets ?

Je veux aimer
à en vivre.
Je veux aimer
à en rire,
et plus jamais
à en pleurer.
Je veux
l'Amour
que j'ai écrit
sans y croire.

Lettre à mon prochain amour.
À toi, qui as décidé de partager ma vie,

Sache que je ne sais pas aimer à moitié.
Je suis de ces personnes un peu trop passionnées
dont le cœur est éraflé.
Alors par avance, j'aimerais m'excuser.

Tous les jours ne seront pas faciles.
À vrai dire, je crains d'être un brin trop fébrile.
Comme toi, j'aurai parfois l'impression de marcher sur un fil,
mais tu balayeras tous nos doutes en un battement de cil.

Crois-moi, je ferai de mon mieux
pour te rendre heureux·se.
De notre passion, j'entretiendrai le feu.
Prenons le risque de vivre amoureux·se.

C'était un matin pluvieux,

l'un de ceux où l'on se réfugie dans un café en attendant la fin de l'averse, un livre à la main, un chocolat chaud devant soi.

Iel entre, les habits trempés, les cheveux ébouriffés, et parmi tous les regards qu'iel aurait pu croiser, c'est dans le tien qu'iel choisit de s'égarer.

Iel penche la tête afin de déchiffrer le titre qui t'occupait, effectue une courbette et s'assoit en face de toi.

« Monsiame lit Balzac, quel anaphrodisiaque. Maupassant aurait fait naître des sentiments. »

C'était l'un de ces matins où l'on se retrouve à parler et rire avec un·e inconnu·e, à réinventer un monde en mangeant des pâtisseries.

Iel était de ces inconnus avec qui l'on flirte sans y penser, auxquels on sourit les jours suivants et que l'on invite à réitérer l'expérience.

On se retrouve à nouveau dans un café, à discuter sans voir les heures défiler. On sirote une bière en riant.

Et voilà, l'Amour naissant.

Ne me baise pas.

Jamais.

Je ne veux pas

que tu me possèdes

ni que tu sois brutal·e

ou sauvage.

Fais-moi l'amour

avec des mots doux.

Mieux encore,

fais-moi la poésie

du bout des lèvres.

J'ai cru que je ne m'en remettrais jamais.

Je voyais mon monde s'effondrer peu à peu et mes certitudes s'envoler.

J'ai cru que tu reviendrais.

En fait, je l'espérais. Mais chaque fois que tu m'approchais, c'était pour mieux me détruire.

J'ai cru que tu m'aimais.

Je dois me rendre à l'évidence, je ne suis pas sûr·e que c'était vrai.

Je n'ai pas cru que ça irait.

Je me sentais sombrer. Incapable de remonter à la surface. Mes pétales me paraissaient si abîmés. Je n'avais pas assez de colle pour me réparer.

Je crois que j'ai guéri.

La poésie s'est fait pansement. Les larmes sont devenues inspiration et les mots ont adouci mon cœur.

Liste des choses que je devrais me dire plus souvent :

Tu as fait de ton mieux.

Tu as le droit de ne pas aller bien tous les jours.

Guérir prend du temps.

C'est OK d'y avoir cru.

Cesse de te comparer aux autres : iels ne sont pas toi, tu n'es pas elleux.

Tu as le droit de faire des erreurs, elles t'aident à te construire.

Ta douleur n'est pas une faiblesse, elle montre l'intensité de tes sentiments.

Pense à vivre !

Tu mérites l'amour doux.

Tu mérites quelqu'un qui tombera amoureux autant de tes sourires que de tes larmes.

Tu mérites un Amour qui te fait te sentir en sécurité.

Tu mérites quelqu'un qui essuiera des larmes qu'iel n'aura pas fait couler.

Tu mérites un Amour qui respectera ses promesses.

Tu mérites quelqu'un qui embrassera tes failles.

Amour

(nom masculin)

Avalanche d'émotions positives

Ressenties au sujet de soi-même ou d'autrui.

Sentiment vif et fort

qui ne peut s'envoler

une fois couché sur le grain du papier.

Sous l'inspiration d'un·e artiste,

il ne s'efface jamais.

Les années volées et l'innocence arrachée ne se retrouvent pas.

Que quelqu'un m'apprenne à en faire le deuil, par pitié.

Je cours après l'irrattrapable. J'aimerais lui retirer notre premier baiser et tous les suivants. Gommer ces nuits à ses côtés et réécrire les traumatismes qu'iel a laissés.

À défaut de pouvoir regagner le passé, je tente d'effacer certains souvenirs. Je retourne dans ce parc d'attractions, et à chaque endroit où iel était.

Et un jour, je l'enlèverai à ma mémoire.

J'ai toujours joué les grandes personnes qui savent ce qu'elles font. Puis j'ai grandi et maintenant, je cherche désespérément à redevenir enfant.

Parfois,

la pluie

gronde

encore

dans mon cœur.

Et l'insomnie

chasse

mon soleil.

Parfois,

je ne brille pas,

trop encerclé·e

par l'orage

des angoisses

qui me déchirent

de l'intérieur.

Je me sens toujours empoisonné·e

par toi

et tout le mal

que tu pourrais encore me faire.

La première fois qu'iel m'a embrassé·e,
iel m'a offert une bouffée d'oxygène
quand je pensais suffoquer.

Dans ce bar bondé,
iel nous a transporté·e·s
dans un cocon d'intimité.

Le bruit ambiant s'est estompé
remplacé par le son doux
de nos respirations synchronisées.

Je me suis perdue dans ce baiser.

Chaque contact,
chaque caresse
de ses lèvres
était empreint d'une passion ardente
embrasée par le désir
qui nous unissait.

Nos mains baladeuses
s'aventuraient
sur chaque parcelle de peau
qu'elles pouvaient trouver,
désireuses de découvrir un corps
qui leur était inconnu.

Et puis on s'est séparé·e·s
en sachant pertinemment
que ce n'était que
notre premier baiser.

"I know what you mean when you act like that

You don't know it's breaking my heart.

Said that it was just never gonna happen

then almost kissed me in the dark.

Every time we talk, it just hurts so bad

'cause I don't even know what we are.

I don't even know where to start.

But I can play the part"

Tate Mc Rae, *That way*

P.S.

Coquelicots

L'Amour
(re) fleurit
toujours
les cœurs
fanés.

Iels s'installent sur les quais, se regardent. L'un·e sort une clope, l'autre tend le briquet.

— On est complémentaires, lance le premier.

Iels se partagent la cigarette. Une volute blanche, un peu grisâtre, s'élève dans l'air, tandis que le mégot rétrécit peu à peu. L'un·e souffle en formant un anneau, l'autre compose un cœur.

— Dis, Amour, que va-t-il se passer quand on aura tout fumé ?

— Moi, je disparaîtrai. Mais toi, Amitié, tu renaîtras de mes cendres.

Laisser la douleur
me consumer
jusqu'à ce qu'il ne reste
que des cendres.

« – *Mais toi, Amitié, tu renaîtras de mes cendres.* »

La clope est terminée, les mégots gisent par terre, indissociables des cendres qu'Amour a laissées derrière lui. Amitié se relève difficilement, et titubante, elle erre. Incapable de savoir où aller, que faire, elle s'assied et observe les âmes pressées qui passent devant elle. Les âmes en peine regardent le sol, sans se soucier des rayons de soleil qui pourraient baigner leur visage. Celles au contraire heureuses semblent refléter les filets dorés et irradier.

Amitié, dépouillée de son enveloppe charnelle, réduite à la simple forme de concept, ne possède plus grand-chose, qu'un grain d'espoir. Elle détaille les âmes esseulées, et bien qu'elle ne puisse pas absorber leurs malheurs, elle redonne une lueur, une étincelle de nouveautés.

Elle façonne une chose, comme elle, dénuée de corps, sans âme, mais qui, dans un autre monde, pourrait revêtir une apparence presque humaine. Elle lui donne une chaleur, un bout d'Amitié.

– Tu seras Tendresse, car j'ai perdu Amour. Tes gestes seront aussi doux que l'étaient les siens, tes paroles aussi affectueuses que mes sentiments et tu seras aussi délicate que l'artiste posant son pinceau contre la toile.

– Dis, Amitié, ne crois-tu pas qu'il nous manque quelque chose ?

– Quoi donc, Tendresse ? Ne penses-tu pas que nous sommes bien toutes les deux ? Nous pouvons aller où tu le souhaites.

– Je songeais à un grain de folie. Regarde ces humains qui chantent, qui dansent, qui rient aux éclats. Sors-nous de notre routine !

Et des cendres d'Amour naît Folie.

– Faisons un jeu ! s'exclame la nouvelle née. Ou mieux, déguisons-nous ! Toi, Amitié, tu devras m'imiter, j'imiterai Tendresse et Tendresse t'imitera.

Amitié s'affuble de vêtements multicolores, parle plus fort qu'à son habitude, fait des mouvements sans aucune raison, sans aucun sens. Folie distribue des caresses à tout va, sur les joues, les cheveux. Tendresse les prend toutes les deux dans ses bras, les gratifie d'un regard heureux.

Et la mascarade s'achève en un fou rire !

Noirceur naît aussi des cendres d'Amour.

Si les filets dorés du soleil éclairent le monde, Amitié s'est retrouvée piégée dans l'obscurité de son intérieur. Persuadée de ne pas être assez, puis d'être trop. Convaincue de ne pas avoir sa place, d'avoir été dupée.

Un bouillonnement, une ombre sur le tableau, qui vient altérer tout ce qu'Amitié a créé. Tant de sentiments négatifs alors que tout semble aller pour le mieux. Presque un auto-sabotage. Comme si elle ne méritait pas le bonheur qui l'entoure.

« Amour, je ne renaîtrai jamais de tes cendres. J'ignore pourquoi tu m'as laissée ainsi. Regarde ma dernière création, ne vois-tu pas qu'elle est bien laide ? »

Un brin de franchise,
pour caresser
les joues rosées,
comme une bise.

Au milieu des résidus
d'Amour,
au grand jour,
Honnêteté apparut.

Amour s'est montré un jour. Nul ne sait ce qui a suscité son grand retour. Sans prévenir, alors qu'Amitié discute joyeusement, Amour se dévoile dans son dos, la serre si fort qu'on aurait cru qu'il cherchait à l'étouffer.

Amitié a ressenti une immense vague de chaleur. Douce. Réconfortante. Comme les soirs d'hiver devant un feu crépitant.

Et comme si Amour la poussait (une nouvelle fois) vers son interlocuteurice, voilà Amitié qui trébuche, se rattrape au bras de son accompagnant·e.

Amour, toi aussi, tu renais de tes cendres.

Surprenant

les protagonistes,

Amitié défile

sous leurs yeux

Ébahis,

se transforme,

les lie

plus étroitement.

Personne ne peut
résister
aux caprices
du cœur.

Un grand merci à

Laura, pour l'espoir, le soutien, l'amitié et les encouragements que tu m'as apportés. Tu as toujours su trouver les mots dont j'avais besoin, que ce soit en privé ou involontairement au travers de tes textes.

Ady, je suis heureux·se que tu aies découvert ce recueil en avant-première et que tu m'aies toi aussi convaincu·e de ne pas abandonner.

Toi, pour la seule rose que tu m'aies offerte, même si je me serais passé·e des épines. Cette poésie t'est en partie dédiée, j'imagine, car toi aussi, en un sens, tu es un cœur mal-aimé, mais tu en as trop écorché et trop fort pour que je puisse te pardonner.

Astrid, Cléa, Pauline, Milledya, Nahia, Lady Pik ainsi que ma mère, sans votre talent, ce recueil n'aurait pas été aussi beau. Merci d'avoir sublimé mes mots.

Laura et Céleste d'avoir accepté de m'épauler dans la finalisation de ce projet. Vos commentaires m'ont été d'une véritable aide. Vous êtes deux personnes en or, ne l'oubliez jamais.

Margaux, comme toujours, ton travail m'a été précieux. Tu apportes la touche de magie dont mes recueils ont besoin.

Alix, Ash, Céleste, Cyrielle, Delphine, Juliette, Lisa, Maé, Maëline, Sakura, et j'espère n'oublier personne, pour votre soutien régulier sur les réseaux sociaux. C'est toujours un bonheur de voir vos commentaires et messages.

Mes lecteur·ice·s, d'avoir pris le temps de me lire. Sans vous, cette aventure serait impossible. Vous faites vivre ma poésie, et je vous en suis éternellement reconnaissant·e.